GSAT
삼성직무적성검사 모의고사

제 4 회			
영 역	수리영역, 추리영역	**문 항 수**	50문항
시 간	60분	**비 고**	객관식 5지 선다형

[수험자 유의사항]

1. 시험시작 1시간 전 모니터링 시스템에 접속해야 응시가 가능합니다.
2. 독립된 공간에서 혼자 응시합니다.
3. 필기구 이외의 다른 물품은 정리합니다.
4. 반려견 소리 등 다른 소음을 자제합니다.
5. 시험시간 내에 자리이탈 및 시험 외 행동은 금지합니다.
6. 부정행위가 적발될 경우에는 최대 5년 간 응시가 제한됩니다.

SEOWONGAK
(주)서원각

제 4 회 GSAT 삼성직무적성검사

문항수 : 50문항
시 간 : 60분

✏ **수리영역(20문항 /30분)**

1. 일정한 속력으로 달리는 기차가 5,800m 길이의 터널을 완전히 통과하는데 2분이 걸리고 4,300m 길이의 다리를 완전히 통과하는데 1분 30초가 걸린다고 한다. 이 기차의 길이는?

① 100m ② 120m
③ 150m ④ 180m
⑤ 200m

2. 어떤 사람의 30분 동안 평균 시속은 20km다. 이 사람이 10분 동안 시속 8km, 그 후 5분은 시속 15km로 달렸다면 마지막 남은 시간동안은 달린 속력은?(소수점 둘째자리에서 반올림하시오.)

① 29.6m/m ② 29.7m/m
③ 29.6km/h ④ 29.7km/h
⑤ 29.8km/h

3. 비커 A, B, C에 담겨있는 소금물의 농도를 측정하였다. A비커의 농도는 B비커의 농도보다 20% 높았고, C비커의 농도는 A비커 농도의 2배에서 B비커 농도를 뺀 값의 80%에 해당하였다. 각 비커의 농도를 비교한 것 중 옳은 것은?

① A > C > B ② A > B > C
③ C > B > A ④ B > A > C
⑤ C > A > B

4. 소금 40g으로 5%의 소금물을 만들었다. 이 소금물에 새로운 소금물을 40g을 넣었더니 농도가 7%가 되었다. 이때 넣은 소금물의 농도는?

① 41% ② 43%
③ 45% ④ 47%
⑤ 49%

5. 원가 150원의 상품을 200개 사들이고 4할 이익이 남게 정가를 정하여 판매하였지만 그 중 50개가 남았다. 팔다 남은 상품을 정가의 2할 할인으로 전부 팔았다면 이익의 총액은 얼마인가?

① 9,900원 ② 10,000원
③ 11,000원 ④ 11,200원
⑤ 13,000원

6. 어떤 제품 100개를 제조하는데 A는 6시간, B는 9시간이 걸린다. 이들이 함께 일을 하면 각각 원래 능력의 20%를 잃게 된다. 이들이 함께 제품 100개를 제조하는데 걸리는 시간은?

① 4시간 ② 4시간 반
③ 5시간 ④ 5시간 반
⑤ 6시간

7. 서로 다른 주사위 2개를 던졌다. 이 때 나온 수가 다른 주사위 수의 약수일 확률은?

① $\frac{11}{18}$ ② $\frac{7}{18}$
③ $\frac{2}{9}$ ④ $\frac{7}{9}$
⑤ $\frac{11}{12}$

8. A는 B보다 2살 많고, C는 B보다 5살 적다. 세 명의 평균 나이는 21살이다. C의 나이는?

① 16살 ② 17살
③ 18살 ④ 19살
⑤ 20살

9. 신혼부부는 제품 구매 시 월 관리비와 전기료가 가장 저렴한 제품을 구입하려고 한다. 제품 가격을 포함하여 구입 후 3년 동안 지출할 금액이 가장 낮은 제품은?

분류	가격	월 전기료	월 관리비
A 제품	280만 원	4만 원	1만 원
B 제품	260만 원	4만 원	2만 원
C 제품	250만 원	3만 원	1만 원
D 제품	240만 원	3만 원	2만 원
E 제품	240만 원	3만 원	3만 원

① A
② B
③ C
④ D
⑤ E

10. 남녀 200명의 커피 선호 여부를 조사하였더니 다음과 같았다. 전체 조사 대상자 중 남자의 비율이 70%이고, 커피 선호자의 비율이 60%일 때 다음 설명 중 옳은 것은?

성별 \ 선호	선호자 수	비선호자 수	전체
남자	A	B	C
여자	D	20명	E
전체	F	G	200명

① $\dfrac{A}{B} = 2$이다.
② 남자 커피 선호자는 여자 커피 선호자보다 3배 많다.
③ 남자가 여자보다 80명이 더 많다.
④ 남자의 커피 선호율이 여자의 커피 선호율보다 높다.
⑤ 커피 선호율은 비선호율 보다 2배 이상이다.

11. 표는 신문을 본다고 응답한 인구 비율을 나타낸 것이다. 이에 대한 옳은 분석을 〈보기〉에서 고른 것은?

(단위 : %)

구분		신문을 본다고 응답한 인구 비율	일반 신문	인터넷 신문
2017년	전체	75.6	67.8	77.9
2019년	남자	79.5	61.9	80.6
	여자	65.8	50.0	82.5

※ 2019년 조사 대상 남녀의 수는 동일함.

〈보기〉
㉠ 2017년에 신문을 본다고 응답한 인구 중에서 일반 신문과 인터넷 신문을 모두 본다고 응답한 비율은 최소 67.8%이다.
㉡ 2019년에 신문을 본다고 응답한 인구수는 2015년에 비해 적다.
㉢ 2019년의 경우 인터넷 신문을 본다고 응답한 인구수는 남자가 여자보다 많다.
㉣ 2017년과 2019년 모두에서 인터넷 신문을 본다고 응답한 인구수가 일반 신문을 본다고 응답한 인구수보다 많다.

① ㉠㉡
② ㉠㉢
③ ㉡㉢
④ ㉡㉣
⑤ ㉢㉣

12. 다음은 한국과 미국의 전체 서비스업에서 차지하는 업종별 비중을 나타낸 자료이다. 이 자료에 대한 해석으로 옳지 않은 것은?

〈전체 서비스업에서 차지하는 업종별 비중〉

(단위 : %)

구분	종사자 수		부가가치 생산액	
	한국	미국	한국	미국
도 · 소매업	23.5	18.3	12.3	15.8
음식 · 숙박업	13.1	9.3	4.5	3.5
운수 · 창고 · 통신업	9.6	5.7	12.5	7.6
금융 · 보험업	5.2	5.1	15.4	10.2
부동산 · 사업 서비스업	15.0	18.2	22.2	32.1
보건 · 사회 서비스업	4.8	13.2	6.2	8.9
교육 서비스업	10.8	10.5	10.3	6.5
기타	18.0	19.7	16.6	15.4

① 한국은 음식 · 숙박업의 종사자당 부가가치 생산액이 가장 적다.

② 한국과 미국 간 종사자 수 비중 격차는 도 · 소매업이 가장 크다.

③ 한국과 미국 모두 금융 · 보험업의 종사자당 부가가치 생산액이 가장 많다.

④ 한국과 미국 모두 생산자 서비스업은 종사자 수 비중보다 부가가치 생산액 비중이 높다.

⑤ 한국은 미국보다 운수 · 창고 · 통신업의 종사자 수 비중과 부가가치 생산액 비중이 모두 높다.

13. 다음은 1977년부터 2057년까지 10년을 주기로 있었던 또는 예상되는 출생아수와 사망자수에 대한 그래프이다. 다음을 바르게 분석한 것은?

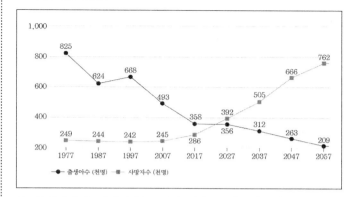

① 출생아수와 사망자수는 각각 계속 증가 · 감소하고 있다.

② 10년전 대비 출생아수의 변화율이 가장 큰 것은 2007년이다.

③ 사망자수와 출생아수가 동일한 해는 2027년이다.

④ 1997년과 2057년의 출생아수와 사망자수의 비율은 3:1로 동일하다.

⑤ 2057년의 사망자수는 80년 전에 비해 약 3배 증가하였다.

14. 다음은 서울 시민의 '이웃에 대한 신뢰도'를 나타낸 자료이다. 다음 자료를 올바르게 분석하지 못한 것은?

(단위 : %, 10점 만점)

구분		신뢰하지 않음	보통	신뢰함	평균 (10점)
전체		18.9	41.1	40.0	5.54
성	남성	18.5	42.2	39.3	5.54
	여성	19.2	40.1	40.7	5.54
연령	10대	22.6	38.9	38.5	5.41
	20대	21.8	41.6	36.5	5.35
	30대	18.9	42.8	38.2	5.48
	40대	18.8	42.4	38.8	5.51
	50대	17.0	42.0	41.1	5.65
	60세 이상	17.2	38.2	44.6	5.70

① 서울 시민 10명 중 4명은 이웃을 신뢰한다.

② 이웃을 신뢰하는 사람의 비중과 평점의 연령별 증감 추이는 동일하지 않다.

③ 20대 이후 연령층에서는 고령자일수록 이웃을 신뢰하는 사람의 비중이 더 높다.

④ 남성과 여성은 같은 평점을 주었으나, 이웃을 신뢰하는 사람의 비중은 남성이 1%p 이상 낮다.

⑤ 이웃을 신뢰하지 않는 사람의 비중은 10대에서 가장 높게 나타나고 있다.

15. 다음에 제시된 도시철도운영기관별 교통약자 편의시설에 대한 도표를 참고할 때, 도표의 내용을 올바르게 이해한 것은? (단, 한 역에는 한 종류의 편의시설만 설치된다)

구분	A도시철도 운영기관		B도시철도 운영기관		C도시철도 운영기관	
	설치 역 수	설치 대수	설치 역 수	설치 대수	설치 역 수	설치 대수
엘리베이터	116	334	153	460	95	265
에스컬레이터	96	508	143	742	92	455
휠체어리프트	28	53	53	127	50	135

① B도시철도운영기관은 모든 종류의 교통약자 편의시설의 개수가 A, C도시철도운영기관보다 많다.
② 세 도시철도운영기관의 평균 휠체어리프트 설치 대수는 100개 미만이다.
③ 총 교통약자 편의시설의 설치 역당 설치 대수는 A도시철도운영기관이 가장 많다.
④ C도시철도운영기관의 교통약자 편의시설 중, 설치 역당 설치 대수는 엘리베이터가 가장 많다.
⑤ 휠체어리프트의 설치 역당 설치 대수는 C도시철도운영기관이 가장 많다.

[16 ~ 17] 다음은 S연구소의 부서별 예산 및 인원에 관한 자료이다. 이 자료를 보고 물음에 답하시오.

부서별 항목별 예산 내역
(단위 : 만 원)

부서	항목			
	인건비	기본 경비	사업비	소계
A	49,560	309,617	23,014,430	23,373,607
B	7,720	34,930	7,667,570	7,710,220
C	7,420	31,804	2,850,390	2,889,614
D	7,420	24,050	8,419,937	8,451,407
E	6,220	22,992	2,042,687	2,071,899
F	4,237,532	865,957	9,287,987	14,391,476

부서별 직종별 인원
(단위 : 명)

부서	정·현원		직종별 현원				
	정원	현원	일반직	별정직	개방형	계약직	기능직
A	49	47	35	3	1	4	4
B	32	34	25	0	1	6	2
C	18	18	14	0	0	2	2
D	31	29	23	0	0	0	6
E	15	16	14	0	0	1	1
F	75	72	38	1	0	8	25
계	220	216	149	4	2	21	40

16. 다음 설명 중 옳지 않은 것은?

① 부서별 항목별 예산 내역이 10,000,000(만 원) 이상인 부서는 총 3개이다.
② 부서별 기본 경비의 총 합은 2,000,000(만 원)을 넘지 않는다.
③ 사업비가 7,000,000(만 원) 이하인 부서는 총 2개이다.
④ 인건비가 가장 높은 부서는 기본 경비도 가장 높다.
⑤ 3가지 예산 항목 중 사업비 비중이 가장 낮은 부서는 존재하지 않는다.

17. 다음 빈칸에 들어갈 값으로 적절한 것은?

S연구소의 부서별 직종별 인원은 정원 220명, 현원 216명이다. 직종별 현원 중 가장 비중이 높은 직종은 (㉠)으로 총 149명을 기록했다. 두 번째로 비중이 높은 직종은 40명을 기록했고, 세 번째로 비중이 높은 직종은 21명을 기록했다. 네 번째로 비중이 높은 직종은 (㉡)명을 기록했으며, 가장 비중이 낮은 직종은 2명을 기록했다.

	㉠	㉡
①	기능직	6
②	계약직	5
③	일반직	4
④	개방형	3
⑤	별정직	2

18. 다음은 어느 국가의 성별 흡연율과 금연계획률에 관한 자료이다. 이에 대한 설명으로 옳은 것은?

〈표 1〉 성별 흡연율(%)

구분	2013	2014	2015	2016	2017	2018	2019
남성	45.0	47.7	46.9	48.3	47.3	43.7	42.1
여성	5.3	7.4	7.1	6.3	6.8	7.9	6.1
전체	20.6	23.5	23.7	24.6	25.2	24.9	24.1

〈표 2〉 금연계획률(%)

구분	2013	2014	2015	2016	2017	2018	2019
금연계획률	59.8	( )	57.4	53.5	( )	55.2	56.5
단기	19.4	17.7	18.2	20.8	20.2	19.6	19.3
장기	40.4	39.2	( )	32.7	36.1	35.6	37.2

※ 흡연율 $= \dfrac{\text{흡연자 수}}{\text{인구 수}} \times 100$

※ 금연계획률 $= \dfrac{\text{금연계획자 수}}{\text{흡연자 수}} \times 100$

　　　　　　 $=$ 단기 금연계획률 $+$ 장기 금연계획률

① 금연계획률은 매년 50% 이상이다.

② 2015년 장기 금연계획률은 전년에 비해 증가하였다.

③ 2017년의 금연계획률은 55.3이다.

④ 매년 전체 흡연율은 증가하고 있다.

⑤ 매년 남성 흡연율은 여성 흡연율의 7배 이상이다.

[19 ~ 20] 다음은 A, B 두 경쟁회사의 판매 제품별 시장 내에서의 기대 수익을 표로 나타낸 자료이다. 이를 보고 물음에 답하시오.

판매 제품별 수익체계

		B회사		
		X제품	Y제품	Z제품
A회사	P 제품	(4, −3)	(5, −1)	(−2, 5)
	Q 제품	(−1, −2)	(3, 4)	(−1, 7)
	R 제품	(−3, 5)	(11, −3)	(8, −2)

※ 괄호 안의 숫자는 A회사와 B회사의 제품으로 얻는 수익(억 원)을 뜻한다.(A회사 월 수익 액, B회사의 월 수익 액)

※ 예를 들면 A회사가 P제품을 판매하고 B회사가 X제품을 판매하였을 때 A회사의 월 수익 액은 4억 원이고, B회사의 월 수익 액은 −3억 원이다.

B회사의 분기별 수익체계 증감 분포

	1분기	2분기	3분기	4분기
X제품	0%	30%	20%	−50%
Y제품	50%	0%	−30%	0%
Z제품	−50%	−20%	50%	20%

※ 제품별로 분기에 따른 수익의 증감률을 의미한다.

※ 50% : 월 수익에서 50% 증가, 월 손해에서 50% 감소

※ −50% : 월 수익에서 50% 감소, 월 손해에서 50% 증가

19. 다음 자료를 참고할 때, A회사와 B회사의 수익의 합이 가장 클 경우는 양사가 각각 어느 제품을 판매하였을 때인가? (단, 판매 시기는 고려하지 않음)

① A회사 : Q제품, B회사 : X제품

② A회사 : Q제품, B회사 : Y제품

③ A회사 : P제품, B회사 : Z제품

④ A회사 : P제품, B회사 : X제품

⑤ A회사 : R제품, B회사 : Y제품

20. 다음 중 3분기의 양사의 수익 변동에 대한 설명으로 옳은 것은? (A회사의 3분기 수익은 월 평균 수익과 동일하다.)

① 두 회사의 수익의 합이 가장 커지는 제품의 조합은 변하지 않는다.

② X제품은 P제품과 판매하였을 때의 수익이 가장 많다.

③ 두 회사의 수익의 합이 가장 적은 제품의 조합은 Q제품과 X제품이다.

④ 3분기의 수익액 합이 가장 큰 B회사의 제품은 Y제품이다.

⑤ 3분기에는 B회사가 Y제품을 판매할 때의 양사의 수익액 합의 총합이 가장 크다.

✏️ 추리영역(30문항 / 30분)

[21 ～ 23] 다음 짝지어진 단어 사이의 관계가 나머지와 다른 하나를 고르시오.

21.

① 가재 – 갑각류

② 지리학 – 학문

③ 탁구 – 운동

④ 기린 – 동물

⑤ 실로폰 – 장구

22.

① 명석 – 총명

② 독점 – 점유

③ 나태 – 태만

④ 개연 – 필연

⑤ 동의 – 찬성

23.

① 슬픔 – 기쁨

② 이상 – 이데아

③ 아날로그 – 디지털

④ 생물 – 무생물

⑤ 증진 – 감퇴

[24 ～ 26] 제시된 단어와 같은 관계가 되도록 빈칸에 들어갈 가장 적절한 단어를 고르시오.

24.

> 미쁘다 : 믿음성이 있다 = ( ) : 바람이 없는 날 가늘고 성기게 조용히 내리는 비

① 보슬비

② 먼지잼

③ 여우비

④ 잠비

⑤ 비꽃

25.

> 명태 : (   ) = 호랑이 : 개호주

① 황태

② 노가리

③ 북어

④ 동태

⑤ 코다리

26.

> 이슬 : 눈물 = 용(龍) : ( )

① 산

② 세상

③ 임금

④ 동물

⑤ 호랑이

27. 사과, 배, 딸기, 오렌지, 귤 등 다섯 가지 상품만을 파는 과일가게가 있다. 가게 주인은 다음과 같은 조건을 걸고 이를 만족하는 손님에게만 물건을 팔았는데, 한 손님이 이 조건을 만족해 물건을 구입해 갔다. 이 손님이 구입한 상품으로 가능한 것은?

> • 오렌지와 귤 중 한 가지를 반드시 사야 한다.
> • 배와 딸기 중에서는 한 가지밖에 살 수 없다.
> • 딸기와 오렌지를 사려면 둘 다 사야 한다.
> • 귤을 사려면 사과와 오렌지도 반드시 사야 한다.

① 오렌지, 귤

② 배, 딸기

③ 딸기, 오렌지

④ 사과, 딸기, 귤

⑤ 사과, 배, 귤

[28~30] 다음의 사실이 전부 참일 때 항상 참인 것을 고르시오.

28.

> • 모든 글쟁이는 안경을 쓴다.
> • 안경을 쓴 어떤 사람은 머리가 좋다.

① 안경을 쓴 모든 사람은 글쟁이다.

② 안경을 쓴 모든 사람은 머리가 좋다.

③ 안경을 쓰지 않은 사람은 글쟁이가 아니다.

④ 안경을 쓰지 않은 사람은 머리가 좋지 않다.

⑤ 머리가 좋지 않은 사람은 안경을 쓰지 않았다.

29.

> • A는 수영을 못하지만 B보다 달리기를 잘한다.
> • B는 C보다 수영을 잘한다.
> • D는 C보다 수영을 못하지만 A보다 달리기를 잘한다.

① C는 달리기를 못한다.

② A가 수영을 가장 못한다.

③ D는 B보다 달리기를 잘한다.

④ 수영을 가장 잘하는 사람은 C이다.

⑤ D는 B보다 수영을 잘한다.

30.

> • 학교는 집으로부터 가장 멀리 있다.
> • 병원은 집과 학교 사이에 있다.
> • 도서관은 집으로부터 학교와 반대에 있으며 집의 왼쪽에 있다.

① 집에서 병원은 집에서 도서관까지 거리보다 멀다.

② 도서관과 병원은 다른 건물보다 가까이에 있다.

③ 집은 도서관과 병원 사이에 없다.

④ 병원은 집의 왼쪽에 위치해 있다.

⑤ 도서관과 학교는 가장 거리가 멀다.

31. 다음 밑줄 친 부분에 들어갈 알맞은 것을 고르면?

> • 생각이 깊은 사람은 자유를 누릴 수 있다.
> • 자유를 누릴 수 없는 사람만 명예에 집착한다.
> • 명예에 집착하지 않는 사람은 자연과 함께 호흡할 수 있다.
> • 그러므로 _____

① 자연과 함께 호흡할 수 있는 사람은 명예에 집착하지 않는 사람이다.

② 생각이 깊은 사람은 자연과 함께 호흡할 수 있다.

③ 생각이 깊은 사람은 명예에 집착하는 사람이다.

④ 자유를 누릴 수 있는 사람은 자연과 함께 호흡할 수 없다.

⑤ 명예에 집착하지 않는 사람은 생각이 깊은 사람이다.

32. 다음의 내용을 근거로 판단할 때 옳은 내용만을 바르게 짝지은 것은?

- 직원이 50명인 서원각은 야유회에서 경품 추첨 행사를 한다.
- 직원들은 1명당 3장의 응모용지를 받고, 1 ~ 100 중 원하는 수 하나씩을 응모용지별로 적어서 제출한다. 한 사람당 최대 3장까지 원하는 만큼 응모할 수 있고, 모든 응모용지에 동일한 수를 적을 수 있다.
- 사장이 1 ~ 100 중 가장 좋아하는 수 하나를 고르면 해당 수를 응모한 사람이 당첨자로 결정된다. 해당 수를 응모한 사람이 없으면 사장은 당첨자가 나올 때까지 다른 수를 고른다.
- 당첨 선물은 사과 총 100개이고, 당첨된 응모용지가 n장이면 응모용지 1장당 사과를 $\frac{100}{n}$개씩 나누어 준다.
- 만약 한 사람이 2장의 응모용지에 똑같은 수를 써서 당첨된다면 2장 몫의 사과를 받고, 3장일 경우는 3장 몫의 사과를 받는다.

- ㉠ 직원 갑과 을이 함께 당첨된다면 갑은 최대 50개의 사과를 받는다.
- ㉡ 직원 중에 갑과 을 두 명만이 사과를 받는다면 갑은 최소 25개의 사과를 받는다.
- ㉢ 당첨된 수를 응모한 직원이 갑 밖에 없다면, 갑이 그 수를 1장 써서 응모하거나 3장 써서 응모하거나 같은 개수의 사과를 받는다.

① ㉠
② ㉢
③ ㉠㉡
④ ㉠㉢
⑤ ㉡㉢

[33 ~ 34] 주어진 결론을 반드시 참으로 하는 전제를 고르시오.

33.

전제1 : 많은 연습을 하는 축구선수는 반드시 골을 넣는다.
전제2 : _____
전제3 : 팬들을 즐겁게 하지 못하는 축구선수는 좋은 축구선수가 아니다.
결론 : 많은 연습을 하는 축구선수는 팬들을 즐겁게 한다.

① 골을 넣는 모든 선수는 많은 연습을 하는 축구선수이다.
② 좋은 축구선수가 아니라면 팬들을 즐겁게 하지 못한다.
③ 골을 넣는 선수는 좋은 축구선수이다.
④ 팬을 즐겁게 하는 선수는 좋은 축구선수이다.
⑤ 좋은 축구선수는 많은 연습을 하는 선수이다.

34.

전제1 : 모든 사과는 유기농이다.
전제2 : _____
전제3 : 가격이 비싸지 않은 것은 화학비료를 사용한 것이다.
결론 : 유기농은 가격이 비싸다.

① 모든 사과는 가격이 비싸다.
② 화학비료를 사용한 것은 유기농이 아니다.
③ 유기농은 화학비료를 사용한 것이다.
④ 가격이 비싸지 않은 것은 사과이다.
⑤ 유기농이 아닌 것은 사과가 아니다.

---

35. 다음을 읽고 바르게 짝지어 진 것을 고르시오.

- 영희, 철수, 진하, 유리, 민수는 5층 건물의 각 층에 살고 있다.
- 영희와 진하는 홀수 층에 살고 있다.
- 철수는 영희보다 한층 아래 살고 있다.
- 유리는 한층만 걸어 올라가면 집이다.

① 5층 - 진하
② 4층 - 철수
③ 3층 - 유리
④ 2층 - 민수
⑤ 1층 - 영희

---

36. 다음 조건을 읽고 반드시 참이 되는 것을 고른 것은?

- A, B, C, D, E, F, G, H 8명이 놀이동산의 롤러코스터를 타는데 롤러코스터는 총 8칸으로 되어 있다.
- 각 1칸에 1명이 탈 수 있다.
- D는 반드시 4번째 칸에 타야 한다.
- B와 C는 같이 붙어 타야 한다.
- D는 H보다 뒤에 E보다는 앞쪽에 타야 한다.

① F가 D보다 앞에 탄다면 B는 F와 D 사이에 타게 된다.
② G가 D보다 뒤에 탄다면 B와 C는 D보다 앞에 타게 된다.
③ H가 두 번째 칸에 탄다면 C는 D보다 뒤에 타게 된다.
④ B가 D의 바로 뒤 칸에 탄다면 E는 맨 마지막 칸에 타게 된다.
⑤ C가 두 번째 칸에 탄다면 H는 첫 번째 칸에 탄다.

37. A는 곰, 사자, 학, 기린, 오리, 호랑이가 있는 동물원에 가서 동물을 구경하려고 한다. 다음과 같은 조건을 만족시키도록 한다면, A가 구경할 수 있는 동물의 조합은?

- 기린을 구경하면 총 4종류의 동물을 구경할 수 있다.
- 호랑이를 구경할 경우에만 사자를 구경할 수 있다.
- 오리를 구경하면 기린을 구경할 수 없다.
- 학을 구경하면 사자를 반드시 구경한다.
- 호랑이를 구경하면 오리를 구경할 수 없다.

① 곰, 사자, 기린, 호랑이

② 곰, 학, 기린, 오리

③ 곰, 사자, 학

④ 사자, 호랑이, 오리

⑤ 학, 오리, 호랑이

38. 대통령이 해외 순방을 하려고 하는데 다음의 규칙에 따라 한다고 할 때, 네 번째로 방문하는 나라는 어디인가?

- 이번 해외순방 동안 총 6개 나라를 방문한다.
- 가장 먼저 방문하는 나라는 아프리카에 있다.
- 같은 대륙에 속하는 나라는 연달아 방문한다.
- 미국은 중국보다 먼저 방문한다.
- 이번 순방 중에 프랑스와 영국을 방문한다.
- 일본은 세 번째로 방문한다.

① 미국   ② 중국

③ 일본   ④ 영국

⑤ 프랑스

39. A, B, C는 임의의 순서로 나란히 이웃한 놀이동산, 영화관, 카페에 자가용, 지하철, 버스를 이용하여 갔다. 다음과 같은 조건을 만족한다면 다음 중 옳은 것은?

- 가운데에 위치한 곳에 간 사람은 버스를 통해 이동했다.
- B와 C는 서로 이웃해 있지 않은 곳으로 갔다.
- C는 가장 먼 곳으로 갔다.
- 카페와 영화관은 서로 이웃해있다.
- B는 영화관에 갔다.
- 놀이동산에 갈 수 있는 유일한 방법은 지하철이다.

① 카페는 세 장소 중 가장 가까이 위치해있다.

② 놀이동산－영화관－카페 순서대로 이웃해있다.

③ C는 지하철을 타고 놀이동산에 갔다.

④ 영화관에 가기 위해 버스를 이용해야한다.

⑤ A는 자가용을 이용하고 B는 버스를 이용한다.

40. 다음 〈진술〉들은 A시에서 성립한다. '보통'이가 A시에 살고 있는 왼손잡이라고 가정할 때, 반드시 참인 것은?

〈진술〉

㉠ A시에는 남구와 북구 두 개의 구가 있다.

㉡ 빌라에 사는 사람들은 모두 오른손잡이다.

㉢ 남구에서 빌라에 사는 사람들은 모두 의심이 많다.

㉣ 남구에서 빌라에 살지 않는 사람들은 모두 가난하다.

㉤ 북구에서 빌라에 살지 않는 사람들은 의심이 많지 않다.

① '보통'이는 가난하지 않다.

② '보통'이는 의심이 많은 사람이 아니다.

③ 만일 '보통'이가 북구에 산다면, '보통'이는 의심이 많다.

④ 만일 '보통'이가 남구에 산다면 '보통'이는 의심이 많다.

⑤ 만일 '보통'이가 가난하지 않다면, '보통'이는 의심이 많지 않다.

41. A, B, C, D, E 다섯 명이 가위 바위 보를 했다. 다음과 같은 내용에서 도출할 수 있는 것으로 옳은 것은?

- 5명 전체적으로 보았을 때 승패를 가를 수 없다.
- D는 C에게 졌다.
- E는 B를 이기지 못했다.
- A와 C는 같은 모양을 내고 B를 이겼다.

① D가 주먹을 냈다면 E는 주먹과 보를 내지 않았다.

② B와 D는 같은 것을 내지 않는다.

③ A가 가위를 냈다면 E는 보를 냈다.

④ B와 E만 보았을 때 D는 항상 E에게 진다.

⑤ A가 주먹을 냈다면 E또한 주먹을 낸다.

42. 생일파티를 하던 미경, 진희, 소라가 케이크를 먹었는지에 대한 여부를 다음과 같이 이야기하였는데 이 세 명은 진실과 거짓을 한 가지씩 이야기 하였다. 다음 중 옳은 것은?

> 미경 : 나는 케이크를 먹었고, 진희는 케이크를 먹지 않았다.
> 진희 : 나는 케이크를 먹지 않았고, 소라도 케이크를 먹지 않았다.
> 소라 : 나는 케이크를 먹지 않았고, 진희도 케이크를 먹지 않았다.

① 미경이가 케이크를 먹었다면 소라도 케이크를 먹었다.

② 진희가 케이크를 먹었다면 미경이는 케이크를 먹지 않았다.

③ 미경이가 케이크를 먹지 않았다면 소라는 케이크를 먹었다.

④ 소라가 케이크를 먹었다면 미경이도 케이크를 먹었다.

⑤ 소라가 케이크를 먹지 않았다면 진희도 케이크를 먹지 않았다.

43. 다음과 같은 내용이 참일 때 〈보기〉의 내용을 바르게 설명한 것은?

> ㉠ A, B, C, D는 커피, 홍차, 코코아, 우유 중 하나씩 마셨다.
> ㉡ A는 커피와 홍차를 마시지 않았다.
> ㉢ C는 커피를 마셨다.
> ㉣ B는 홍차와 우유를 마시지 않았다.

> 〈보기〉
> A : D는 코코아를 마시지 않았다.
> B : 우유를 마신 사람은 A이다.

① A만 참이다.

② B만 참이다.

③ A, B 모두 참이다.

④ A, B 모두 거짓이다.

⑤ A, B 모두 알 수 없다.

[44~45] 다음 주어진 도형들의 일정한 규칙을 찾아, '?'에 들어갈 알맞은 도형을 고르시오.

44.

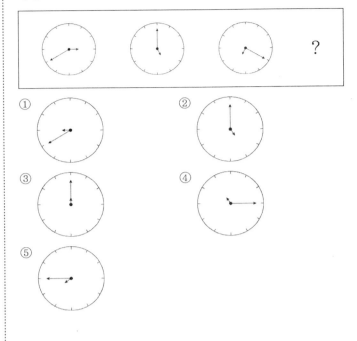

45.

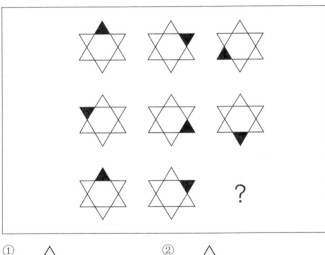

[46 ～ 48] 다음 각 기호가 일정한 규칙에 따라 문자들을 변화
시킬 때, 각 문제의 '?'에 들어갈 알맞은 것을 고르시오.

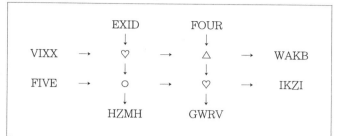

```
                EXID        FOUR
                 ↓           ↓
VIXX   →    ♡    →    △    →    WAKB
                 ↓           ↓
FIVE   →    ○    →    ♡    →    IKZI
                 ↓           ↓
                HZMH        GWRV
```

46.

NINE → ♡ → △ → ?

① AOXM 　　② OKQI
③ NKSU 　　④ SIDK
⑤ OQKI

47.

PONY → ○ → ○ → ?

① TOCY 　　② ROYY
③ TOPY 　　④ POIY
⑤ POMW

48.

ㄹㅎㅈㄱ → △ → ♡ → ?

① ㅊㄴㅇㅍ 　　② ㅋㅇㄷㄹ
③ ㅁㅋㄷㅁ 　　④ ㅋㅍㄴㅈ
⑤ ㅇㄹㅎㅁ

[49 ～ 50] 다음 각 기호가 일정한 규칙에 따라 문자들을 변화
시킬 때, 각 문제의 '?'에 들어갈 알맞은 것을 고르시오.

```
                MOVE        FISH
                 ↓           ↓
HOLD   →    □    →    ○    →    PIEM
                 ↓           ↓
LINK   →    △    →    ♡    →    INGL
                 ↓           ↓
                NNWD        SHFI
```

49.

B2Eㅅ → ? → ♡ → EㅅB2

① □ 　　　　　　② ○
③ △ 　　　　　　④ ♡
⑤ 없음

50.

MK14 → □ → △ → ?

① LJ05 　　② LL25
③ LL05 　　④ NJ23
⑤ NJ03